ACADÉMIE DES SCIENCES, BELLES-LETTRES & ARTS

DE SAVOIE

DISCOURS DE RÉCEPTION

DE

M. LE COMTE AMÉDÉE DE FORAS

Lu dans la séance du 22 février 1877.

CHAMBÉRY

IMPRIMERIE CHATELAIN, SUCCESSEUR DE F. PUTHOD

24, RUE DU VERNEY, 24.

1877

ACADÉMIE DES SCIENCES, BELLES-LETTRES & ARTS

DE SAVOIE

DISCOURS DE RÉCEPTION

DE

M. LE COMTE AMÉDÉE DE FORAS

Lu dans la séance du 22 février 1877.

CHAMBÉRY

IMPRIMERIE CHATELAIN, SUCCESSEUR DE F. PUTHOD

24, RUE DU VERNEY, 24.

1877

DISCOURS DE RÉCEPTION

DE

M. le comte Amédée DE FORAS,

LU DANS LA SÉANCE DU 22 FÉVRIER 1877.

Monsieur le Président,
Messieurs,

Depuis plusieurs années, vous m'avez fait l'honneur de me nommer membre effectif non résident de votre savante Académie. Si je ne suis pas encore venu accomplir la formalité de ma réception officielle parmi vous, cela ne tient point à un sentiment d'indifférence pour la faveur que vous aviez bien voulu m'accorder. Veuillez vous rappeler, Messieurs, que, peu de mois après ma nomination, commençait à se dérouler pour la France l'effroyable série de ses malheurs. Le moment n'était point alors aux discours académiques ; le deuil de la patrie imprimait une toute autre direction à nos pensées ! Plus tard, la connaissance parfaite que j'ai de mon insuffisance comme orateur, me donnait le droit de redouter l'honneur de me faire recevoir réellement parmi vous; mais l'éminent personnage[1], qui présidait naguère à vos travaux, a daigné venir me chercher il y a trois mois et diminuer mes craintes en me promettant toute votre bienveillance. Ces mêmes encouragements m'ont été naguère gracieusement adressés par notre Président actuel[2]. Sollicité d'une manière si flatteuse par des hommes aussi remarquables par leur caractère que par leur science, je devais répondre à leurs désirs; votre indulgence, Messieurs, voudra bien accepter ma bonne volonté à défaut d'éloquence.

Hélas! pourquoi faut-il que celui qui m'a, pour ainsi dire, ouvert les portes de votre Académie, en stimulant, par la généreuse cession de ses archives généalogiques, mon ardeur pour le travail et en me poussant dans la voie que je parcours maintenant, ne soit plus parmi nous! Sa grande figure qui m'a tant de fois souri, le souvenir des paternels encouragements qu'il m'a prodigués, restent toujours gravés dans mon cœur. Votre esprit, Messieurs, conserve aussi, empreinte en traits ineffaçables, la mémoire vénérée du grand citoyen, du savant, de l'excellent homme, auquel, en pénétrant dans cette enceinte, je devais un juste hommage.

Trop souvent, en ce monde, nous sommes forcés de songer tristement aux vides que la mort fait parmi nous. Je viens d'évoquer le souvenir du marquis Costa de Beauregard; je vais encore vous parler d'un homme que son âge, tout au moins, aurait dû conserver pour la plus grande illustration de votre Compagnie.

Dans votre séance du 3 mars 1870, votre Président vous annonçait, Messieurs, la cruelle perte que vous veniez de faire, par la mort de l'illustre historien du Sénat de Savoie. Dans cette même séance, votre vote unanime prononçait ma

---

[1] M. le comte Greyfié de Bellecombe.
[2] M. Louis Pillet.

nomination de membre effectif non résidant. Si reconnaissant que je sois de l'honneur que vous me fîtes en m'attachant par des liens plus étroits à votre Académie, je dois pourtant signaler la coïncidence de ma nomination avec le vide produit dans vos rangs par la mort de Burnier. Je sais trop bien que je ne remplace pas ce brillant écrivain. Voué aux patients et arides travaux de l'érudition et de la paléographie, je ne me trouve avec lui que deux points de ressemblance: l'amour de notre Savoie et de la vérité historique. Mais cette coïncidence est heureuse pour moi, puisqu'elle me donne le droit et le devoir de vous rappeler ce collègue, cet ami que nous avons si vivement regretté. Tout autre aurait rempli cette pieuse mission d'une manière bien plus éloquente, mais personne ne pouvait le faire de plus grand cœur; car l'éloge de Burnier n'est pas pour moi une formule académique: il est sur mes lèvres, comme il est dans ma conscience. L'amitié que j'avais pour lui ne pourra pas m'entraîner à lui décerner des éloges immérités; car le jugement de la postérité a déjà porté son arrêt sur ses travaux et les a marqués au coin qui distingue les œuvres destinées à vivre et à perpétuer honorablement le nom de leur auteur.

De tout temps, les fortes études et les travaux littéraires ont été en honneur dans notre patrie; mais, pour ce qui concerne les recherches historiques, nous avons été, il faut le reconnaître, trop longtemps réduits aux chroniqueurs, à Guichenon et à ses successeurs. Nous connaissions les alliances, la descendance, les faits et gestes de nos princes, nous admirions leurs grands coups d'épée, mais personne, avant l'apparition des *Mémoires historiques* du marquis Costa, n'avait encore songé à nous ouvrir de plus vastes horizons, à nous montrer la philosophie dans l'histoire.

Depuis la vigoureuse impulsion donnée aux travaux historiques par l'avant-dernier roi de cette auguste Maison de Savoie, qui, pendant tant de siècles, a régi nos destinées, les choses ont heureusement changé et nous avons vu naître l'âge d'or pour notre histoire. De tous les points de la Savoie surgirent des hommes studieux, répandant dans nos provinces l'amour des recherches, ranimant chez les uns, créant chez les autres l'esprit d'investigation, excitant le goût pour les sciences et les lettres, apportant de solides appuis aux vieilles institutions de la Florimontane d'Annecy [1] et de l'Académie royale de Chambéry. A cette période, où la Savoie, à la veille d'être englobée dans l'empire français, cherchait instinctivement à affirmer son autonomie, se rattachent de nombreux et de sérieux travaux [2]. Nous tenions à prouver à la France que nos provinces, *primœ inter pares*, étaient dotées d'une civilisation avancée, protégées par une législation sage et éclairée ; car l'esprit chrétien d'initiative, qui n'a pas partout, comme chez nous, concouru à l'établissement de la société moderne, date en Savoie, sans secousses et sans révolutions, de plus de deux cents ans avant 1789 [3].

Dans la pléiade d'écrivains formés par la nouvelle école historique, il faut accorder la place d'honneur à un magistrat distingué qui unissait un ardent patriotisme à un esprit sérieux et impartial. Il comprit la nécessité de chercher dans

---

[1] Fondée, en 1607 vingt-huit ans avant l'Académie française.

[2] Il faut signaler ici les œuvres de Joseph Dessaix ; malheureusement il n'a pas poussé plus loin que le premier volume l'excellente *Histoire de Savoie*, qu'il aurait pu nous donner.

[3] Édit d'Emmanuel-Philibert du 25 octobre 1561, abolissant dans ses États la servitude de la glèbe, soit pour la personne, soit pour les biens. Ce mot *servitude* n'impliquait aucunement les corollaires qu'il comportait dans sa signification païenne.

la vie extérieure de notre société, les manifestations pouvant en révéler le côté intime, d'en découvrir les mobiles et les conséquences. Une foi profonde, sans laquelle on ne peut posséder la vraie science, illuminait chez lui le résultat d'études passionnées sur le glorieux passé de notre pays. C'est de l'auteur de l'*Histoire du Sénat de Savoie* que j'entends parler, si vous accordez, Messieurs, à une voix amie la faveur de vous en entretenir pendant quelques instants.

Eugène Burnier est né, à Chambéry, le 7 février 1831. Il est mort, à Bonneville, le 27 février 1870.

En regard de cette trop courte carrière de trente-neuf années, si vous mettez les œuvres si importantes composées dans les loisirs que pouvaient lui laisser ses devoirs professionnels qu'il ne négligea jamais, nous pouvons dire de lui avec justice : *Explevit in brevi tempora multa*. Un seul de ses ouvrages suffirait à illustrer un écrivain. Vous n'attendez pas de moi, Messieurs, une appréciation que chacun de vous a faite en lisant avec fruit et plaisir la remarquable histoire de notre Cour souveraine, du Sénat de Savoie. Vous connaissez comme moi l'*Histoire de l'Abbaye de Tamié* et l'*Histoire de la Chartreuse de Saint-Hugon*, à laquelle un jury académique décernait au concours un prix justement mérité, que je m'honore d'avoir contribué à lui assurer. Vous avez apprécié ses œuvres moins importantes, même les articles historiques, littéraires ou humoristiques, que sa plume infatigable répandait, sous divers pseudonymes, dans nos journaux de Savoie. Que pourrai-je dire de ces différentes œuvres, sinon ce que chacun de vous, Messieurs, a déjà certainement éprouvé? En lisant les ouvrages de Burnier, on se sent saisi de confiance : il vous impose son autorité. On sent que c'est de l'histoire vraie, puisée aux véritables sources. On la lit sans fatigue, car la pensée est toujours droite et claire ; son langage simple, mais toujours élevé, est celui d'un historien qui se respecte lui-même et respecte ses lecteurs.

Mais, à défaut d'appréciations pour lesquelles je serais forcé de répéter des louanges déjà prononcées par des voix plus autorisées que la mienne, il me reste à faire un examen intéressant, celui de ses manuscrits que sa famille a bien voulu me communiquer. Je voudrais vous montrer notre historien, prenant connaissance des faits relatifs à une époque, méditant sur les documents originaux ; puis écrivant, sans se soucier d'en adapter les déductions aux convenances du Portique de Zénon ou du Jardin d'Épicure. Je voudrais, en un mot, au lieu d'admirer simplement le chef-d'œuvre, me rendre compte de la pensée qui en a dirigé l'exécution, de l'esprit qui l'a animé. Vous comprendrez alors facilement le charme que l'on éprouve en lisant les ouvrages de Burnier.

Il préparait, au moment où Dieu l'a rappelé à lui, une histoire bien intéressante, celle de la vallée de Chamonix. C'est dans ses notes, dans un travail daté presque jour par jour, que j'ai pris, que j'ai étudié la manière de composer de notre cher et savant collègue. Que de joies il se promettait de cette nouvelle œuvre ! Quatre mois à peine avant sa mort, il m'écrivait dans des termes enthousiastes à propos de son travail sur Chamonix : « Le thème est magnifique, et M.
« de..., qui prétend que la liberté nous est venue de France,
« verra si la liberté n'était pas connue chez nous et pratiquée
« d'ancienne date, mieux que partout ailleurs ; il verra si
« ce n'est pas leur invasion de 1536 qui lui a donné un
« fatal coup d'arrêt.... » Oui ! son thème était beau, heureusement trouvé et consciencieusement travaillé ! Je remarque d'abord un volumineux cahier contenant de l'an 1090 à l'an 1633, cent cinquante documents presque tous

inédits, qu'il devait à notre érudit collègue, M. Bonnefoy, de Sallanches.

Vous remarquerez en passant ce chiffre de cent cinquante ! Une compilation historique dont l'importance matérielle est considérable, puisqu'elle prétendait, en trois volumes, révéler la Savoie à la France, en l'amoindrissant systématiquement, a pu avec cent trente documents, et quels documents ! obtenir un des prix distribués par l'Institut de France ! Burnier, lui, n'avait pas trop de cent cinquante documents pour l'histoire d'une seule vallée. C'est qu'il n'écrivait pas pour le plaisir éphémère de dresser, à grand fracas, un colosse aux pieds d'argile que le premier caillou roulant renverse dans la poussière ; il écrivait pour le temps, et le temps ne consacre rien de ce qui se fait sans lui.

Évidemment notre estimé collègue ne s'était pas contenté de copier ces documents de son écriture ferme et caractérisée ; il les avait longuement étudiés et, d'après cette étude, tracé le plan de son ouvrage et même un court sommaire des seize chapitres qui devaient le composer. Ces sommaires me permettent de l'affirmer, notre auteur nous préparait le meilleur et le plus intéressant des livres qu'il eût encore composés. Nous aurions vu, pièces historiques en main, dans l'histoire remontant au XIe siècle de cette vallée si longtemps ignorée, notre société civile sortir des langes féodaux, prendre son essor avec les franchises communales, se donner des prud'hommes pour juges, les mépriser ensuite, et lutter sans cesse — car la vie c'est la lutte — jusqu'à l'affranchissement total de la vallée en 1757, seize ans après que deux Anglais ayant *découvert* Chamonix, ouvraient, pour cette incomparable contrée, une route aux voyageurs du monde entier.

Je trouve encore, de la main de Burnier, la répartition de

ses cent cinquante documents pour les divers chapitres de son histoire ; puis deux cahiers de notes contenant soit des renvois bibliographiques, soit des réflexions tirées des ouvrages qu'il lisait toujours la plume à la main. Permettez-moi de vous citer, Messieurs, deux de ces pensées à l'honneur de l'historien qui les mettait en tête de ses matériaux :

« Écrire l'histoire est un ministère humain et public,
« pour lequel on ne saurait rassembler trop de forces et de
« ressources. Pour raconter le passé du monde, il faut sen-
« tir ce monde dans tous ses sentiments et le comprendre
« dans toutes ses idées. La tâche est rude. »

Je trouve plus loin : « Grand précepte pour les historiens,
« surtout en matière législative : Adapter la pensée aux faits
« et non les faits à la pensée. »

Et encore une belle maxime de Tocqueville : « Si un peu-
« ple veut être libre, il faut qu'il croie, et s'il ne veut pas
« croire, il faut qu'il renonce à la liberté. »

Ces préceptes forment, si je puis me servir de cette expression, le décalogue de l'historien. Burnier y a toujours fidèlement conformé sa conduite. A mesure que son talent grandissait par de nouvelles œuvres, il affirmait toujours davantage ces principes. Fort de la vraie science, il n'a jamais sacrifié au Bélial de nos jours, qui, dans le moyen-âge trop méconnu, veut voir seulement le mal; qui juge les choses du temps passé avec nos idées modernes ; qui croit rabaisser des époques, où, comme dans toutes ses pages, l'humanité rencontre la faiblesse et la misère à laquelle elle est condamnée, par une exaltation exagérée de notre temps.

Enfin, Messieurs, l'histoire de Chamonix était toute prête dans la pensée de l'auteur; il l'aurait certainement achevée dans quelques mois. Vous savez avec quelle rapidité il composait. A propos de l'apparition de l'*Histoire du Sénat*, feu le marquis Costa de Beauregard, m'écrivait : « En voilà un qui fait bien. » Puis, avec une pointe d'ironie amicale à mon adresse, il ajoutait en soulignant : « Et qui fait vite ! » On s'explique comment il pouvait rédiger aussi vite et aussi bien, par le long travail préparatoire dont je viens de vous parler, c'est-à-dire en prenant parfaitement possession d'un sujet dont sa mémoire extraordinairement heureuse lui permettait de ne jamais perdre de vue les détails. Le 22 janvier 1870, il commençait un large crayon du second chapitre, le seul qu'il ait écrit, de son *Histoire de Chamonix*. Le sommaire de ce chapitre portait sur ces points : *Les premiers habitants de Chamonix; la période romaine ; la célèbre inscription de la Forclaz ; l'étymologie de quelques noms de lieux ; les Allemands de Vallorsine et les forêts de Chamonix*. Il ébauchait ce chapitre tout d'un jet — c'est à peine si on trouve une ou deux ratures — et l'achevait le 27 janvier suivant, juste un mois avant que la mort vînt briser sa plume entre ses mains.

Burnier avait eu l'intention d'écrire l'histoire de Chambéry ; mais une étude historique sur l'ordre de Saint-Augustin, qui devait faire partie de cet ouvrage, est la seule chose qu'il ait laissée avec quelques documents concernant ce sujet. Bien certain de vous intéresser, Messieurs, je désire vous donner lecture de la dernière page de cette œuvre inachevée.

Une introduction donne l'origine de l'ordre de Saint-Augustin, des Frères Ermites, des Chanoines réguliers, des grands Augustins et des Augustins déchaussés. Une foule de congrégations spéciales, s'inspirant des traits généraux tirés des livres de l'immortel évêque d'Hippone, s'établissent dans le but de maintenir l'intégrité de la discipline : ainsi celle fondée en Saxe, vers 1493, qui devait avoir le triste honneur d'ouvrir ses portes, peu de temps après, au pseudo-réformateur Martin Luther. Notre auteur énumère ensuite les maisons de cet Ordre établies dans nos provinces : Abondance, le plus ancien monastère peut-être de la Savoie, duquel dépendaient les abbayes de Sixt, de Filly, d'Entremont et dix-sept prieurés ; le couvent des Frères Ermites de Saint-Pierre d'Albigny, fondé par les Miolans, et celui de Thonon. C'est sous la règle de saint Augustin qu'Amédée VIII, le Salomon de son siècle, vint se retirer avec sept fidèles chevaliers dans la solitude de Ripaille, où il avait établi, dès 1410, quinze religieux Augustins. Enfin, nous arrivons au moment où une colonie de Frères Ermites réformés vint se présenter à Chambéry, sous la protection de Charles-Emmanuel Ier. Burnier entame dans son troisième et dernier chapitre ce qui concerne cette dernière maison et les difficultés que rencontra son établissement. Voici cette page remarquable qu'il est bon de conserver :

« On ne saurait se former une idée exacte de notre an-
« cienne société, si on ne l'étudie avec soin dans ses chro-
« niques particulières, témoignages intimes de la vie que
« menaient les Savoisiens avant la grande Révolution.
« Notre organisation actuelle en diffère essentiellement. Le
« mot de liberté est inscrit au frontispice de nos lois : on la
« respire, s'il est permis de parler ainsi, avec l'air ambiant.
« Seulement, dans la pratique, l'application de ce principe
« sacré rencontre des obstacles qui ne sauraient être ap-
« préciés ici. Sous l'ancien régime, on voyait prévaloir
« chez nous un système tout opposé : la Savoie présentait
« plus d'une analogie dans sa constitution sociale avec l'An-
« gleterre. Elle avait conservé avec soin, à travers les plus
« violents orages, ces deux fermes colonnes d'un État policé :
« la foi religieuse et le dévouement au prince. En droit, une

« seule volonté réglait toutes choses: c'était celle du souve-
« rain ; seul il édictait les lois et les faisait exécuter. A cet
« arbitraire, terrible en apparence, l'usage avait opposé un
« contrôle permanent et multiplié. Contrôle des Sénats qui
« signaient les plus hardies remontrances et refusaient d'en-
« registrer les lois inopportunes; contrôle du clergé, dont
« les observations recevaient presque toujours un accueil
« favorable; contrôle des villes et du moindre sujet en
« faveur duquel, suivant le beau mot d'Amédée VIII, le
« prince avait toujours une oreille ouverte. L'amour réci-
« proque des Savoisiens et du monarque avait établi entre
« eux une respectueuse familiarité, qui permettait aux uns
« de se plaindre hautement pour obtenir réparation, et liait
« les mains à l'autre, si la tentation lui fût venue de dépas-
« ser la limite du juste. Ils étaient parvenus à rendre libé-
« ral dans la pratique un gouvernement absolu, par la
« bonne volonté que tous apportaient à la chose publique.
« On s'étonne de rencontrer tant de garanties réelles contre
« l'arbitraire, sous un régime si peu conciliable en apparence
« avec la liberté. L'opposition règne partout : elle est d'au-
« tant plus formidable et persistante que la mesure dont on
« croit devoir se plaindre, touche à la fortune des citoyens.
« Le lecteur va avoir sous les yeux un exemple de ce fait
« historique si peu connu et si digne de l'être, puisqu'il jette
« les plus vives clartés sur le caractère de notre province.
« Il verra le duc de Savoie, couvrant de sa protection une
« communauté de religieux, soulevant contre ses décrets le
« Sénat, le peuple et les ordres rivaux, temporisant pour
« obtenir une solution favorable et n'y arrivant qu'avec des
« concessions après de longues années. Croit-on qu'en
« notre siècle de liberté, une volonté souveraine se laissât

« tenir si longtemps en échec par la représentation de quel-
« ques bourgeois ? »

Ainsi que les experts en peinture peuvent reconnaître, dans un fragment de toile non signé, le pinceau de tel ou tel maître, vous auriez reconnu, Messieurs, dans ce coin de tableau animé de notre société au XVIIᵉ siècle, le style et le genre de l'auteur. Déjà dans son *Histoire du Sénat de Savoie*, de cette illustre Compagnie, type glorieux et émanation directe du noble sentiment inné dans nos populations, celui de l'indépendance du caractère, Burnier nous avait prouvé, par des faits indéniables, que le régime absolu de droit était de fait sérieusement tempéré par les États généraux et par les Sénats. Les excellents travaux de M. le comte Sclopis avaient déjà révélé cette vérité bien connue par ceux qui ont, sans parti pris, approfondi notre histoire. Mais quel nouveau jour lui a donné Burnier ! Il établit victorieusement qu'après les États généraux, « la Cour suprême de Savoie
« a servi de frein efficace à l'autorité absolue. Elle ne se
« contentait pas de présenter ses griefs, mais elle modifiait
« les lois et opposait un refus énergique à toute innovation
« peu conforme au bien général. Sans doute, le souverain
« pouvait briser cet obstacle et passer outre en dépit des
« remontrances. Mais nos princes, habitués à compter avec
« l'opinion publique, se seraient bien gardés de provoquer
« un éclat.... Avec un tel équilibre de pouvoirs, nous ne
« craignons pas d'avancer un paradoxe en soutenant que
« la monarchie de Savoie ne fut jamais absolue dans le
« sens qu'on attache à ce mot [1]. »

C'est encore Burnier qui nous prouve par des faits historiques que notre Cour suprême rappelait « aux convenances,

---

[1] *Histoire du Sénat de Savoie*, t. Iᵉʳ, fᵒ 285.

« quiconque osait s'en écarter. En se montrant rigide ob-
« servatrice des lois, quelle que fût la dignité du justiciable,
« elle comprenait bien mieux les intérêts du chef de l'État
« que ne pouvaient le faire ces compagnies obséquieuses,
« toujours prêtes à prévenir les désirs du maître et à rendre
« des services plutôt que des arrêts [1]. »

Tout en bravant les préjugés de ceux qui aiment à se délecter dans la croyance du prétendu avilissement de nos pères, notre auteur n'était point systématiquement un *laudator temporis acti*. Il ne dissimulait pas ses préférences pour les garanties constitutionnelles de nos jours : mais, étant avant tout impartial, il puisait ses convictions dans l'étude des documents historiques de son pays, heureux quand cette étude l'amenait à augmenter sa légitime fierté de lui appartenir. S'il avait le droit d'en être fier, quand il comparait une époque quelconque de notre histoire avec l'époque correspondante de l'histoire des nations les plus avancées, nous avons le devoir patriotique d'être fiers de notre historien national.

Certes, c'était un noble cœur, celui qui inspirait cette phrase : « Nous n'avons plus aujourd'hui cette foi robuste
« qui animait nos pères.... Si notre foi est médiocre, nos
« autres sentiments ne valent guère mieux. Nous aimons
« faiblement la patrie et les amis ; les caractères s'appau-
« vrissent, les idées généreuses sont bafouées, l'égoïsme
« devient système. L'uniformité nous attend : c'est le genre
« d'égalité des infiniment petits [2]. »

Certes, il avait un noble esprit celui qui ne rougissait pas de mettre ses recherches sous les yeux du Dieu de vérité, en

---

[1] *Histoire du Sénat de Savoie*, t. 1ᵉʳ, f° 293.
[2] *Ibid.*, t. II, f° 461.

inscrivant en tête de presque tous ses cahiers manuscrits, l'invocation *mit Gott*, avec Dieu!

Ses manuscrits contiennent encore un fragment sur l'*Histoire des Allobroges*, depuis les temps les plus reculés jusqu'à l'époque où apparaît Humbert aux Blanches-Mains; trois cahiers de notes sur la législation de nos princes savoyards; une étude sur Savonarole et son temps, etc.

Ainsi, nourri de sérieuses études dont la somme augmentait chaque jour et pour le complément desquelles il ne craignait de dépenser ni ses forces, ni son patrimoine, Burnier aurait été conduit, par ses études mêmes, à écrire l'histoire générale de notre Savoie. Dans ma dernière conversation avec lui, je lui indiquais cette lacune à combler. Sa modestie s'en effrayait; il ne se croyait pas capable de soulever un pareil fardeau. Mais, peut-être s'appliquait-il secrètement cette sentence qu'il avait notée et extraite des œuvres de Jean de la Mure : « L'histoire (de Savoie) ne sera construite
« d'une manière durable que lorsqu'elle aura pour base les
« chroniques mieux étudiées de chacune de ses parties. La
« décentralisation historique est à la vérité, ce que la décen-
« tralisation administrative est à la liberté. » Personne n'aurait rempli cette lourde tâche mieux que Burnier, arrivé à la complète maturité de son talent. Il avait déjà largement « décentralisé » par les diverses monographies sorties de sa plume, dans les genres les plus différents; il connaissait déjà, et à fond, bien des parties de notre histoire; son style d'une sobriété élégante ne masquait pas le vide de la pensée sous la redondance de la phrase; son cœur patriote, qui aimait tant notre Savoie, l'aurait déterminé un jour pour mieux servir sa grande patrie à illustrer par l'histoire sa petite province....

Mais arrêtons-nous, Messieurs! Aussi bien, si, à notre

point de vue, nous devons amèrement regretter la brièveté du temps que Dieu a mesurée à notre si distingué collègue, nous devons le remercier de lui avoir donné l'énergie qu'il fallait pour si bien l'employer. Chaque homme, suivant ses aptitudes naturelles, doit à la patrie, non-seulement sa vie, mais ce qui est beaucoup plus difficile, un utile emploi de ses facultés intellectuelles et de ses loisirs : *Res patriæ, quum possis, non illustrare, nefas!* Le laboureur, qui passe sa vie entre deux sillons, remplit un heureux et laborieux devoir. Mais combien d'hommes à l'intelligence ouverte, à l'esprit cultivé même, traînent péniblement une existence oisive! Et, pourtant, combien de points obscurs à élucider, combien de sujets intéressants à traiter, que de goûts à satisfaire, avec l'histoire, l'archéologie, avec les sciences naturelles.

Vous remplissez, Messieurs, une noble mission en entretenant l'émulation, en ouvrant vos rangs aux travailleurs et les pages de vos intéressants Mémoires à leurs recherches.

Depuis plus d'un demi-siècle, l'Académie de Savoie a formé un centre de communication, grâce auquel le goût des belles et bonnes choses, la publication d'excellents ouvrages n'ont jamais cessé de concourir à l'éclat de nos provinces, ne fût-ce que par la place de choix que vous occupez parmi les Sociétés académiques de l'Europe.

Comment vous remercier, Messieurs, de vouloir bien m'admettre à prendre une part à ce patrimoine de gloire et de science, accumulé par vos travaux et les labeurs de deux générations!

Comme un grand fleuve accueille dans son sein le plus modeste de ses ruisseaux tributaires, ainsi chacune des ramifications des études historiques converge avec plus ou moins d'importance vers un but commun. La branche à laquelle je me suis voué exige plus que toute autre des recherches infinies dans un terrain presque inexploré. J'ai choisi la part la plus ingrate; après avoir compulsé plus de 50,000 chartes ou documents divers, j'entends le vulgaire trouver que généalogies et vieux blasons présentent un intérêt purement relatif!

Si vous en appréciez, Messieurs, l'importance historique incontestable, peu m'importe le *profanum vulgus!* Surtout si vous me rendez la justice que, dans mon humble sphère, je m'efforce de relever la valeur de mes études, en m'inspirant uniquement des préceptes du véritable historien. Si j'ose vous parler de moi, c'est que mon ambition — excessive peut-être, honorable à coup sûr — est d'essayer de motiver la faveur que vous avez bien voulu m'accorder.

Que deviendrait un travail poursuivi avec tant de peines depuis vingt-cinq ans, si, à côté de nombreuses et inévitables imperfections, on pouvait en suspecter l'esprit et la probité? Dans un genre de travaux où trop souvent la complaisance et la vénalité remplacent les recherches consciencieuses et originales, je n'ai jamais oublié, pour ma part, que le manteau de pourpre de l'histoire ne doit pas servir de déguisement à la vérité!

Votre suffrage, Messieurs, est donc la plus haute récompense que je puisse rêver; la récompense qui répondait le mieux à mes plus chers désirs, s'il m'était permis de la considérer comme un témoignage d'estime, accordé à mes études par la première Société savante de notre chère Savoie.

Je suis très fier de lui appartenir effectivement aujourd'hui, tout en regrettant que ma présence en plus ne puisse pas donner un lustre plus grand à votre Compagnie.

1649.—Chambéry, imprimerie CHATELAN, succr de Puthod, rue du Verney.

www.ingramcontent.com/pod-product-compliance
Lightning Source LLC
Chambersburg PA
CBHW060552050426
42451CB00011B/1872